ÉLOGE HISTORIQUE

DE M. LE COMTE

DE LACEPÈDE,

Professeur au Muséum d'Histoire Naturelle, premier Grand-Chancelier de la Légion-d'Honneur, Pair de France, membre de l'Institut national ; de la Société-Royale de Londres, et d'un grand nombre d'Académies nationales et étrangères ;

PAR M. G.-T. VILLENAVE,

SECRÉTAIRE-GÉNÉRAL DE LA SOCIÉTÉ PHILOTECHNIQUE.

« Dans les Sciences, comme dans l'Administration
« M. de Lacepède s'est toujours trouvé à sa place. »
M. le Cte CHAPTAL.

PRIX : 2 fr.

A PARIS,

CHEZ FOURNIER-FAVREUX, LIBRAIRE,

QUAI DES AUGUSTINS, Nº 43 ;

ET CHEZ DELAUNAY, LIBRAIRE, PALAIS-ROYAL, GALERIE DE BOIS.

1826.

ÉLOGE HISTORIQUE

DE M. LE COMTE

DE LACEPÈDE.

IMPRIMERIE DE MARCHAND DU BREUIL,
rue de la Harpe, n. 80.

ÉLOGE HISTORIQUE

DE M. LE COMTE

DE LACEPÈDE,

Professeur au Muséum d'Histoire Naturelle, premier Grand-Chancelier de la Légion-d'Honneur, Pair de France, membre de l'Institut national ; de la Société-Royale de Londres, et d'un grand nombre d'Académies nationales et étrangères ;

PAR M. G. T. VILLENAVE,

SECRÉTAIRE-GÉNÉRAL DE LA SOCIÉTÉ PHILOTECHNIQUE.

« Dans les Sciences, comme dans l'Administration,
« M. de Lacepède s'est toujours trouvé à sa place. »
M. le Cte CHAPTAL.]

Prix : 2 fr.

A PARIS,

CHEZ FOURNIER-FAVREUX, LIBRAIRE,
QUAI DES GRANDS AUGUSTINS, N° 43.

1826.

Avertissement.

Cet éloge devait être prononcé, au nom de la Société Philotechnique : le temps n'a permis d'en faire entendre qu'une partie à la séance publique tenue, le 20 novembre dernier, dans une des Salles de l'Hôtel-de-Ville.

Mais si l'hommage rendu à la mémoire d'un écrivain célèbre, d'un illustre collègue et d'un grand citoyen, n'a pu être entier, du moins les cœurs ont été émus, des larmes ont coulé : il suffisait de raconter.

La famille de M. de Lacepède et ses amis en grand nombre, étaient présens à cette séance : ils ont vu le public s'associer à leur deuil, et partager leurs regrets.

En faisant imprimer l'*Eloge historique de M. le Comte de Lacepède,* j'ai ajouté plusieurs détails qui n'auraient pu trouver place dans l'ouvrage tel qu'il devait être lu.

Tout l'intérêt se trouvera dans le sujet : je ne puis me le dissimuler, je ne veux point m'en taire. Livré à mes impressions, dans les premiers temps de la douleur publique, j'ai senti, j'ai écrit, et je n'ai rien cherché dans l'art de la composition. Ce n'est donc point un discours oratoire ; c'est un exposé historique ; ce sont les faits d'une noble vie, écrits fidèlement, avec simplicité.

Ces faits, je les ai puisés, en partie, dans une *Notice* que M. de Lacepède avait rédigée, il y a dix ans, sur sa vie, et qu'il envoya en Allemagne, à une de ses cousines (1) qui la lui avait demandée. M. le comte Charles de Lacepède, digne héritier d'un si beau nom, a bien voulu me communiquer cette *Notice*. Les autres renseignemens ont été recueillis aux sources les plus pures.

(1) S. A. S. Mme la comtesse Ferdinand de La Ville-sur-Illon, née princesse de Hesse Philipsthal.

Éloge historique

DE M. LE COMTE

DE LACEPÈDE.

Lorsque la France et l'Europe perdirent, il y a douze ans, le célèbre Lagrange, le président du Sénat, qui suivait ses funérailles, fit entendre ces mots :

« Depuis plus d'un demi - siècle, l'Europe
« savante prononçait avec respect le nom de La-
« grange.... Cette grande renommée, les hon-
« neurs et les hommages qui la suivirent, n'al-
« térèrent jamais la bonté de son caractère, la
« simplicité de ses mœurs, la candeur de son
« esprit, sa modestie avec ses contemporains,
« sa justice envers ses prédécesseurs, son affec-
« tion pour ses amis. »

Et quel était ce président du premier corps

de l'état, cet orateur qui décernait ce magnifique éloge? On l'a déjà reconnu ; car en parlant
ainsi, M. de Lacepède, sans y songer, s'était
peint tout entier! Et ce fut un des nobles traits
de son caractère de voir, sans se les reconnaître
à lui-même, toutes ses vertus dans ses amis.

L'histoire trouvera dans M. le comte de Lacepède trois vies honorables, sa vie littéraire, sa
vie publique, et sa vie privée, moins éclatante,
mais peut-être plus belle encore que les deux
autres. Chacune d'elles pourrait fournir le sujet
d'un long récit, et je dois en abréger ici le tableau dans un seul discours.

Mais le temps m'a manqué plus encore que
l'espace, et le sujet est trop élevé pour ma faible
voix. J'ose croire cependant qu'il me suffira,
pour fixer votre attention, dans un éloge sim-
plement historique, de vous montrer un illustre
écrivain, un savant recommandable, un homme
de bien, revêtu de hautes dignités, toujours
grand par ses vertus et par ses talens, toujours
simple dans sa grandeur, toujours affable dans
ses manières, et le plus modeste, le plus sensible, le plus bienveillant des mortels sur la scène
du monde et dans ses foyers domestiques.

Bernard-Germain-Étienne, de La Ville-sur-

Illon, comte de Lacepède, naquit à Agen, le 26 décembre 1756. Le comte de La Ville, son père, lui donna le nom de Lacepède, que portait un grand oncle maternel, qui l'avait fait son héritier. Cet oncle avait exprimé le vœu si naturel que son nom ne mourût pas avec lui ; et l'enfant qui le reçut a su le rendre immortel.

L'origine de la famille de La Ville se rattachait à celle de la maison de Lorraine ; et cette même famille s'était alliée à la première maison de Bourgogne dont elle portait aussi les armes. Enfin elle avait eu l'honneur d'appartenir au chef des Bourbons, par le mariage de Joseph de La Ville avec Claudine de Beauveau, parente d'Isabelle, trisaïeule du grand Henri.

Mais un autre genre d'illustration semblait plaire davantage à M. de Lacepède. Ce même Joseph de La Ville, qui avait eu part aux bontés du plus aimé de nos rois, devint plus tard l'ami de François de Sales, qui lui donna son portrait ; et cette image d'un saint vénéré pour ses vertus austères sans rudesse, fut toujours conservée dans le cabinet du fils adoptif de Buffon.

L'amitié que Vincent de Paul eut pour Léonard, fils de Joseph de La Ville, suffirait pour faire connaître que les plus belles vertus, celles qui cherchent l'infortune, celles qui soulagent et qui consolent, étaient comme héréditaires dans sa famille. Un des principaux collaborateurs du saint qui a fait le plus de bien sur la terre , M. Soufflier aima plus particulièrement Léonard, et l'institua son héritier.

La branche des La Ville , établie dans l'Agénois, s'était alliée aux plus anciennes maisons du midi de la France. Les armes de Lorraine étaient sculptées dans la maison de Fongrave. Mais loin de tirer vanité des hasards d'une illustre origine , M. de Lacepède négligea même d'y chercher les avantages qu'il pouvait y trouver. Celui qui appartenait , par sa naissance, à plusieurs maisons souveraines , fut un des hommes de son siècle qui montra , dans toutes ses paroles et dans toutes ses actions, le plus de modestie et de simplicité. Il voulut devoir tout à lui-même, et il eut le bonheur de trouver une illustration personnelle dans la culture des lettres. Et cependant cette illustration même, la seule qui puisse inspirer le noble orgueil d'une supériorité acquise , M. de Lacepède sembla ignorer, toute sa vie, qu'il l'avait obtenue , qu'il l'avait méritée. Jamais il ne reçut un éloge comme un juste tribut : il y vit toujours comme un bienfait accordé , comme l'unique expression de cette bienveillance qui lui était naturelle, et qui passait incessamment de son cœur dans son regard et dans ses discours.

Tel se montra, tel ne cessa de se montrer, dans les plus hautes dignités, soit qu'il présidât le premier corps politique; soit qu'il présidât le premier corps littéraire de l'état, M. de Lacepède, grand-chancelier de la Légion d'Honneur. Ceux qui ont eu le bonheur de le connaître dans sa vie publique et dans sa vie privée, trouveront encore, au-dessous de la vérité, ce trop rare témoignage qu'on puisse rendre des hommes célèbres par leurs ouvrages, ou grands par leurs dignités. Ceux qui ne l'ont pas connu, s'étonneront et pourront seuls douter: mais s'ils savent que, par ses talens et par ses vertus, M. de Lacepède honora son siècle, ils ignorent peut-être qu'il semblait ne pas appartenir à son siècle par l'humble sentiment d'un mérite élevé, par la candeur native de son âme, par l'exercice habituel, et sans faste, de toutes les vertus. Ils ignorent que toutes les vertus, en restant pour lui des devoirs, devenaient des sentimens, et que ces sentimens composaient ses habitudes et sa vie.

Dès son enfance, il avait vu, dans sa famille, les mœurs patriarchales. Ses grands parens vivaient encore : mais avant qu'il eût fait le premier pas dans la vie , il perdit la plus tendre des mères. Le comte de La Ville son père, lieutenant-général de la sénéchaussée d'Agénois, charge honorifique , qui lui donnait , en l'absence du sénéchal , la présidence des assemblées de la noblesse, embellissait, par un esprit orné, de solides vertus. Il voulut s'associer aux soins et aux travaux d'un sage précepteur qu'il avait choisi, et qu'il ne chargea que pour une part, se réservant l'autre , de l'instruction et de l'éducation de son fils unique.

Élevé dans le château de Lacepède, et presque sans communication avec d'autres enfans, celui qui devait être le continuateur de Buffon, sembla ignorer les dissipations innocentes et les frivoles jeux de l'enfance.

« Je connus, dit-il dans une *notice* de sa vie , « qu'il écrivit, il y a dix ans, et qui n'a pas en- « core été publiée, je connus de bonne heure le « besoin de lire et celui de réfléchir. Cette ha- « bitude de penser long-temps me conduisit à « celle d'examiner, avec attention , tous les ob- « jets dont je m'occupais. J'y acquis de la faci- « lité , et j'y trouvai du plaisir. »

Une autre jouissance commença pour lui, dès ses premiers ans , et charma depuis toute sa vie.

Son père, son grand-père et son précepteur s'exer-
çaient souvent ensemble sur la basse, sur le vio-
lon; et un enfant préférait le plaisir de les entendre
à tout autre amusement. « Je ne sais, écrivait-il
« cinquante ans après, quelle peine je ne me serais
« pas donnée pour entendre de la musique. »
Ce goût si vif devint une passion durable. A
peine adolescent, il composait des airs qu'on
chantait dans sa patrie.

Un ami de son père, M. de Chabannes, évê-
que d'Agen, qui, dans le cours d'une longue
vie, avait honoré l'épiscopat par de vives lumières et fait aimer la religion par de douces
vertus, se plaisait à diriger lui-même les études
du jeune Lacepède. C'est, dans la bibliothèque
du prélat, que la lecture des premiers auteurs
classiques de notre langue, fit concevoir, par un
enfant, le projet de former, dans Agen, une
espèce d'académie. Une des salles du palais fut
mise à sa disposition. D'autres enfans, dont le
plus âgé n'avait pas douze ans, s'y réunirent
en séance, et jetèrent ainsi comme les premiers
fondemens de l'académie d'Agen qui leur dut
un peu plus tard sa création et ses membres
les plus distingués.

A cette époque, tous les colléges de France
achevaient de passer des mains des Jésuites

supprimés, dans celles des laïques ou des prêtres séculiers. Le précepteur de M. de Lacepède, l'abbé de Carrière, fut nommé professeur d'éloquence au collége d'Agen. Son élève continua, dans cet établissement, ses études qu'il termina par le cours de philosophie et par des thèses publiques : il n'avait pas encore quatorze ans.

Bientôt il lut Buffon, et sa vocation fut décidée. « Je me consacrai, avec enthousiasme, « dit-il, à la lecture de l'Histoire naturelle, « comme à celle d'une science dont les objets « ont le plus de grandeur, d'importance et de « charme. J'allais souvent, lorsque je voulais lire « Buffon, m'asseoir à l'ombre de grands arbres, « au sommet de rochers escarpés, du haut des- « quels je dominais sur cette vaste et admirable « plaine de la Garonne, sur les collines qui la « bordent en s'élevant en amphithéâtre les unes « au-dessus des autres, sur les montagnes que « l'on découvre au-delà des collines, et sur « l'antique chaîne des Pyrénées, dont les cimes « couvertes de neige resplendissante, terminent « l'horizon le plus étendu. Ma vocation deve- « nait plus forte au milieu de ces grandes ima- « ges ; et, du haut de ces rochers, il me sem- « blait entendre la voix de la Nature qui m'ap- « pelait à elle, me montrait les immenses monu-

« mens de sa puissance , et les magnifiques
« tableaux qui retracent, de tant de manières ,
« tous les traits de son immortelle beauté. » Un
tel sentiment des beautés de la Nature ne pouvait rester stérile ; il annonçait un grand écrivain, un grand peintre , en un mot, le digne
successeur de Buffon.

Étranger à l'esprit, aux mœurs et aux plaisirs
de son âge, M. de Lacepède partageait son
temps entre les sciences , les lettres et la musique. Ce fut un dominicain espagnol qui, séjour-
nant à Agen, lui donna des leçons de piano et
d'orgue. Il s'exerça sur le violoncelle qui devint
son instrument favori. Un habile symphoniste,
Beck, qui dirigeait alors le premier orchestre de
Bordeaux, lui envoya des leçons de composition, et lui transmit plusieurs fois d'utiles conseils. M. de Lacepède organisa des concerts où
l'on exécutait des scènes détachées, des symphonies et d'autres pièces qu'il composait avec
une rare facilité. Les amateurs, les virtuoses
d'Agen l'appelaient leur maître de musique ; et
souvent il tint le bâton ou l'archet directeur
aux représentations théâtrales et dans les so-
lennités de l'Eglise.

En même temps il organisait, sur un plan
plus régulier et plus vaste, l'académie d'Agen.

M. de Bonac, qui avait succédé, sur le siége épiscopal de cette ville, à M. de Chalabre ; le comte de Fumel, commandant de la province; le chevalier de Cessac, le baron de Férussac, M. Paganel, et tous ceux qui aimaient et cultivaient les sciences et les lettres, s'empressèrent d'entrer dans cette académie à une époque où presque toutes les villes de France cherchaient à organiser dans leur sein, et c'était alors comme le besoin du siècle, ces associations de savans et de littérateurs, dont l'établissement vint donner encore plus d'activité aux progrès déjà si rapides des lumières, de l'industrie et de la civilisation.

Déjà M. de Lacepède s'était habitué à poursuivre ses travaux dans des veilles prolongées. Son tempérament se prêta, sans altération, à cette habitude : bientôt il commença à n'avoir besoin que de très-peu de sommeil, et depuis il a comme doublé son existence, en ne donnant au repos que deux heures de la nuit.

La physique fut le premier objet de ses études. Il fit construire des machines ; il se livrait à des suites d'expériences sur l'électricité ; et, en même temps, il exécutait, il achevait le hardi dessein de remettre en musique l'*Armide* de Quinault. Il ignorait que Gluck l'avait devancé, et que son ouvrage devait bientôt enrichir la scène lyrique, où Lully, qui fonda son premier éclat en France, se trouvait, par suite des révolutions et des progrès de son art, complétement oublié. M. de Lacepède rédigeait des Mémoires sur l'électricité, sur l'histoire naturelle, sur la théorie de la musique; il adressait les uns à d'Alembert, les autres à Buffon, qui voulut bientôt entretenir avec lui une correspondance suivie; il envoyait les derniers à Jean-Jacques Rousseau, qui lui donna des encouragemens. Il écrivit aussi au chevalier Gluck, qui le pressa de lui communiquer sa partition d'*Armide*.

Cependant la passion de M. de Lacepède pour les expériences l'entraîna dans quelques dangers. « J'élevai, dit-il, des cerfs-« volans électriques. Je fis faire un électro-« phore de cinq pieds de diamètre, et dont « l'effet fulminant était si grand, qu'une étin-« celle foudroyante que, par mégarde, j'en tirai « sans excitateur, me renversa, et me priva, « pendant long-temps, de toute connaissance. »

Quelques années plus tard, il fut près d'être écrasé, dans sa ville natale, par la chute d'un grand mât dressé pour « élever une de ces ma-« chines aérostatiques que Montgolfier venait « d'inventer.

2

Il n'avait que vingt ans quand il se rendit à Paris.

Il arrive dans la capitale à une heure du matin. Six ou sept heures se sont à peine écoulées, il est chez Buffon. Frappé de sa jeunesse, l'illustre écrivain le prend d'abord pour le fils de celui qui, depuis quelques années, est en correspondance avec lui, et le reçoit comme son propre fils. En quittant Buffon, il vole chez Gluck, qui lui propose de voir le lendemain sa partition d'*Armide*. Le même jour, il dîne chez son parent, M. de Montazet, archevêque de Lyon. Il voit, à table, plusieurs collègues du prélat à l'Académie française. Il entend l'abbé Maury réciter un de ses sermons, et court de suite à l'Opéra où l'on donnait *Alceste*.

Le lendemain, il porte sa partition d'*Armide* au chevalier Gluck, qui l'examine, embrasse l'auteur et lui dit : « Votre ouvrage ressemble « entièrement au mien pour le plan, le mouve- « ment, le ton des airs, des duos, des chœurs « ou des morceaux d'ensemble. Vous savez très- « bien faire de la musique, et vous avez mieux « réussi que moi dans le récitatif :

« Il est enfin en ma puissance

« Ce fatal ennemi, ce superbe vainqueur. »

Ceux qui ont connu M. de Lacepède pourront seuls juger quel dut être son étonnement, et dans quelle confusion cet étonnement dut se montrer. Le célèbre compositeur ajouta : « Mais vous « ne connaissez pas encore le théâtre, et vous « devez étudier avec soin tout ce qui tient à la « partie dramatique proprement dite. » Il lui conseilla de faire choix d'un autre poëme, de remettre en musique l'opéra d'*Omphale*, et il termina cette entrevue, en pressant le jeune compositeur de venir le voir souvent.

Dès ce jour commencèrent, entre Gluck et M. de Lacepède, des relations intimes. Il ne se passait guère de semaine, quand le compositeur allemand était à Paris, qu'il ne reçût le jeune virtuose, ou qu'il n'allât dîner chez lui. C'est à cette époque que M. de Lacepède prit des leçons de M. Gossec, et qu'il demanda et obtint sans peine la permission de se regarder comme son élève.

Enthousiaste d'un art auquel il dut tant de jouissances, il ne négligeait point les sciences physiques. Il suivait les cours de chimie de Sage, de Bucquet, de Darcet. Il passait une grande partie de sa vie au Jardin du Roi, travaillant chez Buffon, chez les deux Daubenton, ou dans le cabinet d'histoire naturelle, qui, à toute heure , était ouvert pour lui. Il se liait avec Macquer et Leroy, avec MM. de Jussieu , Portal et Thouin. Il visitait à Passy le célèbre Francklin ; et lorsque Voltaire vint achever à Paris le cours d'une vie si brillante et si extra-ordinaire , il s'entretint long-temps avec le jeune Lacepède, et lui accorda une des heures qu'il lui restait à passer en si petit nombre sur la terre.

A cette époque parurent des *Symphonies con-certantes* de M. de Lacepède : car il faut remar-quer que les livres ne furent pas sa première publication ; et tandis qu'il remettait l'opéra d'*Omphale* en musique, il suivait toutes les re-présentations de la scène tragique, regrettant de ne pouvoir plus entendre Lekain. Il faisait part de ses observations au chevalier Gluck, qui souvent ne voulait juger la musique de son jeune ami que par sa manière de lire et de réciter le poëme.

Son père avait désiré qu'il fût présenté au roi et à la famille royale. La reine lui dit quelques mots avec cette grâce qu'elle savait allier à la majesté du trône. Marie-Thérèse avait déjà pris soin de recommander à sa fille M. de Lacepède, avec ce zèle qu'elle mettait à protéger toutes les personnes alliées à la maison de Lorraine.

Alors la fortune des cours sembla sourire à M. de Lacepède. Les comtes de Vergennes et de Maurepas voulurent lui donner une ambassade. La vicomtesse de Broglie , sa parente ; la comtesse de Brionne , qui était en correspondance avec son père , et que sa naissance rapprochait de la reine ; ses grands parens, ses amis , le pressaient d'entrer dans la carrière des honneurs : mais il ne put se résoudre à abandonner celle des sciences et des lettres. Il leur avait voué sa vie , et c'est là seulement qu'il voyait la gloire , et surtout le bonheur.

Cependant sa famille obtint pour lui un brevet de colonel dans les cercles de l'Empire , et à cette époque (1778), il se décida à faire un voyage en Allemagne. Il en fit un second l'année suivante. Le margrave , depuis grand duc de Bade , le prince héréditaire , le landgrave de Hesse-Hombourg , et les princesses de ces deux cours souveraines , le reçurent comme parent , et lui témoignèrent beaucoup d'affection. Il servit quelque temps dans l'armée de Bavière. Les académies de Munich et de Hesse-Hombourg s'empressèrent de l'admettre dans leur sein. Les orchestres de plusieurs cours allemandes exécutèrent plusieurs de ses ouvrages ;

mais avec quelque distinction qu'il fût partout accueilli, il eût pu dire :

Plus je vis d'étrangers, plus j'aimai ma patrie.

Et il revint dans la sienne, pour ne plus la quitter.

Bientôt commencèrent, à l'Opéra, les répétitions d'*Omphale*. A la même époque (1781), parut le premier ouvrage de M. de Lacepède, son *Essai sur l'électricité naturelle et artificielle*, et l'année suivante(1782), il publia sa *Physique générale et particulière*. Ces deux ouvrages étaient alors à la hauteur de la science ; mais ils plurent dans le monde par la brillante élégance du style, et furent presque lus comme livres d'agrément. Ce fut un grand service rendu aux sciences, de leur ôter cet appareil rebutant qui, avant Fontenelle et Buffon, avant Bailly et Vicq-d'Azyr, avant Bernardin de Saint-Pierre et M. de Lacepède, faisait si bien respecter les savans, que peu de gens d'esprit osaient les aborder, et qu'on les voyait seuls et isolés dans le sanctuaire de leur divinité. C'est par les savans qui ont su sentir et peindre que les sciences sont devenues d'un intérêt général. Mais comment est-il arrivé que d'autres savans, à la vérité moins habiles dans l'art d'écrire, mais plus

experts sans doute dans l'art de compter les pis-
tils d'une plante, et de mesurer les maxillaires
d'un quadrupède, aient affecté de décrier ceux
qui, les premiers, avaient fait aimer les sciences
naturelles, en leur ôtant leurs aspérités, en leur
donnant les vives couleurs, la richesse et l'éclat
dont brille la nature? On a refait Buffon et son
continuateur. Les ouvrages nouveaux peuvent
être plus méthodiques, plus exacts ou plus com-
plets ; mais, en général, une seule édition leur
a suffi, tandis qu'on ne cesse de réimprimer
l'Histoire Naturelle de Buffon, continuée par
M. de Lacepède ; et malgré le mépris solitaire
de quelques savans pour cette grande composition, on peut dire que, plus juste et plus re-
connaissant,

Le public révolté s'obstine à l'admirer.

La réputation de M. de Lacepède s'étendait.
Les académies de France et de l'étranger s'em-
pressaient de se l'associer. Le grand Frédéric
entrait avec lui en correspondance. Mais au milieu de ces jouissances d'un amour-propre qui
porte aux grandes choses quand il a son foyer
dans un cœur généreux, M. de Lacepède fut atteint
d'une de ces peines de la vie dont aucune gloire ne
peut consoler. Son père, ne pouvant plus vivre
loin de lui, se disposait à venir se fixer à Paris ; il

tombe malade , M. de Lacepède accourt ; il veut seul le servir : ses soins seuls deviennent agréables ; il veille , il soutient , il panse l'auteur de ses jours, et sa piété filiale calme les dernières souffrances d'un père qui le bénit encore en expirant dans ses bras...... Le deuil du fils fut une longue maladie nerveuse. Alors venait de commencer pour lui ce qu'il appelle *les grandes pertes et les grandes douleurs.*

Les traits du comte de La Ville, qui n'avait jamais voulu se faire peindre , étaient restés si vivement empreints dans le cœur de son fils et dans sa mémoire, que, sur ses indications , un habile peintre en fit un portrait très-ressemblant.

Ce ne fut guère qu'un an après la mort de son père, que M. de Lacepède revint, en 1784, à Paris. Il avait besoin d'aimer , de vivre dans une famille qui remplaçât celle qu'il avait perdue. Il eut le bonheur de retrouver cette seconde famille dans M. et dans Madame Gauthier de Saint-Claude , qu'il regarda bientôt comme un frère , comme une sœur , et dans un fils unique âgé de cinq ans, qu'il n'appela pas en vain son fils : c'est aujourd'hui le digne enfant de son adoption , M. le comte Charles de Lacepède.

Tous ces amis se réunirent ; ils habitèrent

sous le même toit , et la mort seule devait les séparer.

Buffon vieillissait : il ne pouvait, dans les rêves de sa gloire , placer celui de terminer le grand édifice qu'il élevait depuis près de quarante ans. Il cherchait l'homme qui pût continuer dignement ses travaux. Il revient de Montbard où cette pensée d'un successeur l'a fortement occupé dans ses veilles solitaires. Il invite à dîner M. de Lacepède : ils sont seuls. Le Pline français propose à son jeune ami de continuer son ouvrage , et de remplacer, en même temps, Daubenton le jeune, adjoint à son illustre frère , comme garde démonstrateur du cabinet, et qui, depuis long-temps, demandait sa retraite. Surpris et confus , M. de Lacepède exprime une reconnaissance aussi profonde que son étonnement. Mais il hésite ; et si , dans sa modestie , il se défie de ses forces , dans l'intérêt de ses affections , il a besoin aussi de s'assurer si sa nouvelle famille consentira à ne pas se séparer de lui. Il a demandé et obtenu quelques jours pour réfléchir..... M. et Mme Gauthier le suivront au Jardin du Roi ; ses amis l'encouragent ; il revoit Buffon : il accepte avec timidité ce qui lui fut offert avec confiance. Le roi le nomme à la place que quitte Daubenton;

et, en 1785 , il occupe avec ses amis, au-dessus du cabinet du roi, le logement de son prédécesseur.

C'est à cette époque que parut sa *Poétique de la Musique.* L'auteur l'avait achevée vers la fin de l'année précédente , comme pour apporter à ses longs regrets de la mort d'un père une distraction utile plutôt qu'une consolation. Il rappelle, à la fin du dernier volume, qu'il a éprouvé, en composant cet ouvrage , *le plus grand des malheurs,* et qu'il est *condamné à des regrets éternels par la perte d'un père chéri, le modèle de toutes les vertus.* C'est ainsi que, dans tout ce qu'il a publié, nous le verrons désormais mêler à ses travaux les impressions de son âme et les sentimens de sa vie.

Ce qu'il veut démontrer dans sa *Poétique de la Musique* et l'esprit de tout son livre sont dans ce vers de la *Métromanie,* choisi pour épigraphe :

La sensibilité fait tout notre génie.

M. de Lacepède veut que les artistes sentent vivement, qu'ils soient inspirés comme les grands poëtes, qu'ils peignent les caractères et les passions ; il demande partout de la vérité, du naturel; partout du chant, de la mélodie, de l'expression.

Après avoir embrassé son sujet dans son ensemble et dans toutes ses parties ; après avoir
traité de l'origine, de la nature et des effets de
la musique, de tous ses genres depuis la tra-
gédie lyrique jusqu'à la chanson, il termine
tout l'ouvrage par cette belle exhortation qu'il
adresse aux artistes, mais que les poëtes, les
auteurs dramatiques et d'autres écrivains fe-
raient bien de méditer : « O artistes, ô vous
« tous qui vous consacrez à l'art enchanteur de
« la musique, rendez-lui toute sa dignité, tout
« son véritable éclat ; rapprochez-le de sa vraie
« destination, de celle de soulager les misères
« humaines, de répandre mille charmes autour
« de nous, de faire oublier les malheurs privés
« et les calamités publiques par des jouissances
« pures, rendues plus vives par le partage, ou
« senties plus profondément dans le calme de
« la solitude ; et, soit que vous travailliez pour
« nos théâtres, ou pour nos demeures ; ou que
« vous réserviez votre musique pour nos tem-
« ples sacrés, méritez de nouveaux hommages,
« en ne faisant jamais naître, dans nos âmes,
« que les passions utiles, la vertu, le courage
« généreux, le dévouement héroïque, la vive
« sensibilité, l'amitié constante, la tendresse

« pure et fidèle, la tendre pitié, et l'humanité
« bienfaisante. »

J'ignore s'il est des théories plus savantes;
mais peut-il être des conseils plus utiles? Ce
n'est pas d'ailleurs la théorie, c'est la *Poétique
de la Musique* que l'auteur a exposée dans un
style brillant, toujours animé par le désir de
voir diriger vers un noble but l'art puissant qui,
en remuant les passions, charme ou entraîne
les mortels,

La *Poétique de la Musique* reçut d'honorables
suffrages, parmi lesquels celui de Sacchini ne
fut ni le plus tard reçu, ni le moins vivement
exprimé. Ainsi Rousseau avait composé un
Dictionnaire, et d'Alembert des *Elémens de musique*; mais le grand mathématicien ne connut
que la théorie de cet art, tandis que l'auteur du
Contrat social, et le continuateur de Buffon, trouvèrent dans la composition le charme des jouissances, et la consolation des peines de la vie.

Le prince qui règne aujourd'hui sur la
France avait fait les fonds d'un prix extraordinaire pour le poëte qui, au jugement de l'A-
cadémie française, aurait le plus dignement
célébré le dévouement héroïque qui venait de
faire périr Léopold de Brunswick dans l'Oder.
M. de Lacepède, qui ne s'essaya jamais dans

l'art des vers, ne voulut point renoncer à payer un tribut désintéressé à celui que l'Europe admirait, et qu'il avait pleuré lui-même. Il écrivit son *Eloge* en prose; il le publia, et la duchesse de Brunswick, mère de Léopold, lui témoigna sa gratitude, et la ville de Francfort lui envoya le portrait de son héros.

Cependant le public attendait la première représentation d'*Omphale*. Une répétition générale avait été faite; les premiers sujets, Mme Saint Huberti, Mlle Maillard, Larrivée, Lainé, y figuraient; les acteurs, l'orchestre et tous ceux qui étaient présens, pleinement satisfaits, auguraient le succès, lorsque des motifs indépendans de la nature de l'ouvrage engagèrent M. de Lacepède à retirer sa partition. Et dès-lors il abandonna l'opéra d'*Alcine* et celui de *Scander-berg;* et plus tard les flammes qui avaient détruit sa partition d'*Armide* n'ont pas épargné ses autres tragédies lyriques : une seule, *Alcine,* a été conservée.

Le premier volume de l'*Histoire naturelle des Quadrupèdes ovipares et des Serpens parut en* 1788. L'auteur en avait médité le plan, en avait composé une grande partie dans les rians paysages de Leuville, près de Montlhéry. Buffon sembla n'avoir prolongé jusque-là sa carrière que pour emporter au tombeau la satisfaction de voir ses espérances réalisées. La voix publique vint lui apprendre que son fils adoptif était jugé digne de recueillir sa succession. Le second volume des Ovipares, publié au commencement de 1789, contient un hommage noble et touchant à la mémoire du grand homme qui ouvrit à M. de Lacepède la carrière qui se fermait pour lui.

De grands événemens allaient agiter et la France et l'Europe. La révolution venait de commencer. Tous les Français avaient pris les armes à la fois et presque le même jour, par une combinaison étrange, mais savamment calculée, qui demandait de nombreux agens dans toutes les provinces, et des moyens secrets dont, après trente-cinq ans, on connaît mieux encore les résultats que les ressorts.

Le hasard voulut que le jour où, après la prise de la Bastille, Louis XVI se rendit à l'Hôtel-de-Ville de Paris, M. de Lacepède se trouvât commander les citoyens armés et les gardes françaises qui garnissaient la place de Grève et ses environs ; et il se rend ce témoignage, que *les précautions qu'il eut le bonheur de prendre furent suivies du plus heureux succès.*

Il fut élu chef de la garde nationale du district où se trouvait compris le Jardin du Roi. Le sage Malesherbes commandait celle du village dont il avait pris le nom ; et un jour qu'André Thouin, qui était venu le voir dans sa terre, le quittait pour retourner au Jardin du Roi : *Portez*, lui dit le sage magistrat, riant d'une double métamorphose, *portez les complimens du général Malesherbes au général Lacepède.*

L'Assemblée constituante, ayant beaucoup détruit, avait beaucoup à reconstruire. Le temps lui manqua du moins pour achever de grands travaux qui ont été trop calomniés. Tandis qu'elle s'occupait de réorganiser l'instruction publique, première base des institutions sociales, M. de Lacepède publia ses *Vues sur l'enseignement public.* On distingua cet ouvrage parmi le très-grand nombre de plans qui furent proposés ; car alors toute la France semblait être devenue publiciste, et les penseurs et les sages, comme ceux qui n'étaient ni l'un ni l'autre, croyaient également devoir aux législateurs assemblés le tribut de leurs lumières.

Plusieurs fois M. de Lacepède, député extraordinaire de la ville d'Agen, avait été appelé dans les comités de l'Assemblée constituante, et consulté sur les grands objets dont elle s'occupait. On peut, on doit être certain que les avis qu'il donna le furent, comme il le dit lui-même, *avec toute sincérité et toute impartialité*, et que, s'ils avaient pu être suivis, des temps plus heureux auraient lui pour la France.

Les deux premières assemblées constitutionnelles du corps électoral de Paris furent présidées par M. de Lacepède. Il fut nommé, par l'une, membre du conseil général du département; il fut nommé, par l'autre, second député du département à la première Législature.

Vers cette époque, dans les derniers mois de 1791, on s'occupa de nommer un gouverneur du Dauphin. On annonçait que le duc de la Rochefoucauld serait appelé à ce difficile honneur, et les trois sous-gouverneurs qu'on voulait donner au prince étaient MM. de Lacepède, Pastoret et Cérutti. Ce projet venait d'échouer, lorsque M. Duvergier, l'un des commandans de la Garde nationale, qui était souvent de service aux Tuileries, et qui avait la confiance du Roi et de la Reine, vint trouver M. de Lacepède de la part de leurs majestés, et lui faire connaître leur désir qu'il acceptât les fonctions de gouverneur du Dauphin. M. de Lacepède, vivement ému, mais trop défiant de ses forces, crut remplir un devoir, et servir le Roi et la France, en refusant d'accepter une mission si haute et si difficile. Le roi jugea ce refus ce qu'il était, le sentiment trop humble d'un mérite qui s'ignorait ; et ce refus devenait un hommage, sans cesser d'être un dévouement.

Peu de jours s'étaient écoulés lorsque la Reine, ayant avec elle le jeune prince, et Madame, aujourd'hui Dauphine, vint visiter le Cabinet d'histoire naturelle. L'illustre Daubenton était malade. M. de Lacepède, son adjoint comme garde démonstrateur, eut l'honneur de recevoir Sa Majesté. Mais je dois ici le laisser parler lui-même. « Cette princesse eut la bonté de s'entretenir « avec moi pendant près d'une heure. Elle me « fit l'honneur de m'appeler dans une embra- « sure de fenêtre, de m'y parler des affaires « publiques, et de me demander ce que je pen- « sais des mesures que pouvaient exiger les « conjonctures dans lesquelles on se trouvait « placé. Je lui répondis avec tout le respect, « toute la sincérité et tout le dévouement que « je lui devais. Je l'engageai à consulter des « personnes plus habiles et plus éclairées que « moi. Je pris cependant la liberté de lui faire « part de toutes les idées qui me parurent pou- « voir lui être utiles. Je ne lui cachai rien de ce « que j'avais appris, et que je crus important, « pour Sa Majesté et pour la chose publique, de

« lui faire connaître... Les différentes réponses
« de la Reine m'enchantèrent. Elles montraient
« les meilleures intentions, les dispositions les
« plus favorables aux droits et aux désirs de la
« nation, la plus grande envie de seconder les
« vues paternelles et libérales du Roi, une con-
« naissance étendue de l'histoire, et l'habitude
« d'une sérieuse attention aux circonstances
« si graves dans lesquelles se trouvait le royaume.
« Si aucun obstacle n'avait arrêté les desseins
« qu'elle paraissait avoir, ainsi que le Roi, la
« France aurait été sauvée. Elle eut la bonté,
« en sortant du cabinet, de me dire un mot du
« refus que j'avais fait de la place de gouverneur
« de M. le Dauphin. J'eus l'honneur de lui ré-
« pondre que j'avais cru, dans ce moment, lui
« donner, ainsi qu'au Roi, la plus grande preuve
« de ma fidélité. Elle daigna me sourire avec cet
« air d'affabilité auquel elle attachait tant de
« charmes; et quelque temps après, le Roi
« nomma gouverneur de son fils le respectable
« Fleurieu, que je me suis tant félicité depuis
« d'avoir pour collègue et pour ami : ce choix
« me convainquit encore davantage de la bonté
« de la résolution que j'avais prise. »

Membre de la première Assemblée législative,
dont il fut un des secrétaires, un des présidens,

M. de Lacepède n'appartint à aucun parti, et fut estimé de tous : rare et difficile bonheur, qui ne pouvait tout entier être le partage des hommes obscurs, et qui paraît se rattacher à si peu de noms célèbres dans les longs orages de notre révolution ! Placé au milieu des partis, dont les exigences ne permettaient ni neutralité, ni modération, M. de Lacepède voulut rester indépendant ; son âme et ses sentimens le furent du moins : car dès-lors il comprenait la liberté comme les esprits sages la comprennent aujourd'hui.

Pendant sa présidence, il répondit à l'adresse de la société des Wighs ; député, il fit décréter la naturalisation de l'illustre Priestley ; il parla sur la fixation de l'âge où il serait permis de se marier. Il osa attaquer les dénonciations de Chabot ; il combattit la proposition de La Source tendante à déléguer aux citoyens le choix des gardes nationales qui devaient partir pour les frontières. Il fit enfin adopter un projet d'adresse à ces gardes nationales qui se rendaient au camp de Soissons, et allaient commencer cette guerre de l'indépendance qui devait si long-temps étonner le Monde, relever, par l'immortel éclat d'une gloire toute nouvelle, la France en proie aux luttes sanglantes des factions, et couvrir tant de malheurs de tant de lauriers.

. Une des plus terribles époques s'ouvrait dans nos annales : la Convention venait de remplacer l'Assemblée législative. Trompé dans ses vœux pour le bonheur de sa patrie, convaincu que la voix des sages ne pouvait plus se faire entendre dans les cris de la tempête, M. de Lacepède demanda et réussit, par ses instances, à obtenir la démission de sa place au Jardin des Plantes. Il avait besoin de quitter Paris, de chercher le calme et les doux aspects de la nature loin du volcan des passions humaines. Il se retira, avec M. et madame Gauthier, avec leur jeune fils, dans la commune de Leuville. Il y loua une chaumière, il y fit apporter ses livres, et trouva, dans le travail, des distractions alors si utiles, et, dans l'amitié, des consolations devenues alors si nécessaires.

Le pasteur de Leuville était le digne frère de M. Gauthier. Ses paroissiens le vénéraient et l'aimaient comme un père. Aucun asile, dans ces temps déplorables, n'aurait pu être mieux choisi : le repos de M. de Lacepède y fut respecté.

L'abbé Raynal s'était retiré à Montlhéry. Il avait besoin de beaucoup d'exercice : le philosophe rechercha la société du naturaliste, et vint souvent, à pied, converser avec lui.

C'est dans cette solitude que M. de Lacepède eût le malheur de perdre un ami qu'il aimait comme un frère. Il associa les plus vifs regrets à la profonde douleur de madame Gauthier, dont, depuis dix ans, il admirait les vertus. Leurs âmes étaient dignes de s'entendre. Une perte commune, un malheur partagé rendit insensiblement l'estime qui les unissait et plus vive et plus tendre. Enfin la sympathie du malheur vint resserrer, par l'amour, les liens de l'amitié; et quinze mois s'étaient écoulés lorsque M. de Lacepède offrit sa main et devint l'heureux époux de madame Gauthier, née Jubé, dont les deux frères, l'un et l'autre maréchaux de camp, ont eu le bonheur de servir honorablement leur pays. La mère de la nouvelle épouse, arrière-petite nièce du maréchal de Villars, vint bénir cette union qui devait redonner un père à un fils alors âgé de quatorze ans.

Déjà M. de Lacepède avait repris le grand travail de son *Histoire naturelle des Poissons*; il raconte, en ces termes, comment il écrivit ce bel ouvrage : « Assis sur les ruines qui envi-
« ronnent la haute tour de Montlhéry, dominant
« sur un pays immense, découvrant de loin le
« faîte des superbes monumens de la capitale;
« ou, couché sur un gazon fleuri, à l'ombre

« des peupliers inspirateurs, et sur les bords
« du grand étang de Marcoussi ; ou, me pro-
« menant sous les voûtes de verdure, formées
« par les vastes et solitaires forêts qui couron-
« naient les montagnes autour de cet étang,
« j'aimais à méditer sur les admirables effets de
« la puissance de la nature, sur la sublimité de
« ses lois, sur la variété de ses phénomènes, sur
« la richesse de ses innombrables productions.
« Livré à ces conceptions élevées, entraîné par
« ces grandes pensées, séduit par ces tableaux
« magiques, j'oubliais le monde, je ne voyais
« plus que l'univers. Et, avec quel charme,
« cependant, je me retrouvais ensuite dans ma
« chaumière, auprès de ma femme et de mon
« fils ! »

La terreur régnait encore sur la France, et,
par un juste retour, atteignait tous ceux qui
l'avaient établie. La sagesse des administrateurs
de Corbeil, qui furent assez heureux pour ne
pas se perdre en laissant sans exécution des
ordres funestes ; et un savant Hollandais, M. Van-
thol, qui avait accepté la place de bibliothécaire
de Corbeil, moins encore pour se faire oublier
lui-même que pour protéger l'oubli nécessaire
aux hommes de bien, veillèrent, avec des soins
qui furent heureux, sur la chaumière de Leu-

ville. M. de Lacepède avait brûlé ses papiers de famille, une grande partie de sa correspondance, et la plupart des lettres que Frédéric II lui avait écrites. Sa fortune et les biens de sa femme se trouvaient considérablement réduits par l'avilissement rapide du papier-monnaie, par des remboursemens en valeurs décriées, par les contributions extraordinaires, les emprunts forcés, et par toutes les exigences des malheurs du temps.

Une conscience sans reproche, de douces affections, les travaux suivis de l'*Histoire naturelle*, des distractions trouvées en composant des *trios*, en mettant en musique l'opéra d'*Alcine*, mêlèrent, pour M. de Lacepède, des charmes puissans aux peines de sa vie, jusqu'à ce que des jours plus heureux parussent vouloir, le 9 thermidor, se lever pour la France.

L'Ecole normale venait d'être établie. Les administrateurs de Corbeil s'empressèrent de nommer élève M. de Lacepède, qui accepta et trouva, parmi ses condisciples, Bougainville et M. de la Place.

Le Jardin des Plantes avait reçu, en 1793, une nouvelle organisation, avec le titre de *Muséum d'histoire naturelle*. C'est la seule institution savante et nationale qui ait conservé son nouveau régime, en reprenant son ancien nom. La place d'intendant que Bernardin de Saint-Pierre avait occupée en 1792, après le comte de la Billarderie, successeur de Buffon, était supprimée par un décret qui portait à douze le nombre des cinq professeurs établis jusqu'alors. En 1795, la partie des reptiles et des poissons fut détachée du cours de zoologie confié à M. Geoffroy de Saint-Hilaire, et forma une treizième chaire qui fut donnée à M. de Lacepède.

L'Institut national avait été créé par la constitution de l'an 3, qui fondait le gouvernement directorial ; M. de Lacepède fut nommé, avec Daubenton, pour la section de zoologie et d'anatomie. Alors, ses travaux reçurent, avec une nouvelle extension, plus d'activité. Secrétaire, en 1801 et 1802, de la classe des sciences physiques, il fit publiquement trois rapports des travaux trimestriels de cette classe. Sa *Notice sur la vie et sur les ouvrages de Vandermonde*, fut lue, par lui, dans la première séance publique de l'Institut. On trouve dans les Mémoires de ce premier corps savant et littéraire de l'Europe, un grand nombre d'autres rapports et de Mémoires sur diverses parties de la zoologie, prin-

cipalement sur de nouvelles classifications méthodiques des ordres et des genres des mammi-
fères et des oiseaux.

M. de Lacepède sut donner à son cours d'histoire naturelle un éclat qui parut toujours aug-
menter avec sa durée. Tous les ans, ce cours
était ouvert et fermé par des discours où la
science recevait d'une éloquence brillante, ou
douce et persuasive, des attraits plus puissans.

Tantôt, il entretenait un auditoire nombreux
de *l'histoire ou des principales variétés de l'espèce
humaine ;* tantôt *de l'homme, des quadrupèdes,
des oiseaux, des reptiles et des poissons ;* tantôt
des animaux vertébrés et à sang rouge ; tantôt
de la vie et des ouvrages de Daubenton. Il prenait
pour texte de trois autres discours, *la manière
d'étudier et de traiter l'histoire naturelle ; les avantages que peuvent rapporter au corps social les na-
turalistes dans l'état actuel de la civilisation et des
connaissances humaines ; le but auquel doit tendre
le naturaliste, et surtout le rapport des sciences
naturelles avec le bonheur de ceux qui les cultivent.*
Ces discours, contiennent des vues élevées et nouvelles, avec un grand intérêt dans le fond des sujets, indépendant du mérite du style. La Société
philotechnique fit imprimer, à ses frais, en 1798,
une belle analyse d'un de ces discours faite par

son secrétaire général ; mais publiés séparément au nombre de dix-huit, en brochures dispersées, difficiles à retrouver, et dont il n'existe peut-être que deux collections complètes dans les cabinets de M. Cuvier et de M. Valenciennes , ces discours vont être, par les soins de ce dernier, aide naturaliste de M. de Lacepède, réimprimés et réunis en un volume, qui sera bientôt considéré comme un des monumens les plus remarquables, dans les sciences naturelles, à la fin du dix-huitième siècle.

Le premier tome in-4° de l'*Histoire naturelle des Poissons*, avait paru en 1798 ; le second fut publié en 1800 ; le troisième en 1801 ; le quatrième et dernier, qui forme deux volumes, en 1803. L'*Histoire naturelle des Cétacées*, qui fut imprimée en 1804, complète, avec les deux volumes antérieurs des quadrupèdes ovipares, les travaux de M. de Lacepède dans la continuation de l'*Histoire naturelle* de Buffon.

Cette continuation compose les huit derniers volumes dans l'édition originale in-4° de ce grand ouvrage , et dix-sept volumes dans l'édition in-12 que Buffon fit commencer, en 1752, à l'Imprimerie royale.

M. de Lacepède, sans adopter en entier les idées linnéennes , avait rapproché ses méthodes de celle du célèbre naturaliste suédois. Dans son *Rapport historique sur les progrès des sciences naturelles depuis* 1789, présenté au chef du gouvernement français, en 1810, M. Cuvier disait: « Les ouvrages de M. de Lacepède, si digne « complément du magnifique édifice commencé « par Buffon. » Ce jugement était sommaire; mais l'éloge n'en est pas moins complet; il fut l'expression de l'opinion générale : les nombreuses éditions qui ont été faites depuis quinze ans, et celles qui se font encore de l'*Histoire naturelle* de Buffon et de M. de Lacepède, prouvent que cette opinion se maintient, et que, malgré de tristes efforts pour la faire changer, elle reste invariable.

Pour ne point interrompre la série des travaux de M. de Lacepède, et pour que l'ensemble en soit mieux saisi, voyons-le au milieu des grandes dignités qui vinrent le chercher dans sa retraite, et qui semblaient devoir l'enlever au monde savant; publier avec MM. Cuvier et Geoffroy de Saint-Hilaire, sous le titre de *Ménagerie du Muséum national*, la *description* et l'*Histoire* des animaux qui vivaient ou qui avaient vécu dans cette ménagerie; concourir à la rédaction du grand *Dictionnaire des Sciences naturelles*, commencé en 1804, et qui n'est pas encore terminé; donner plusieurs éditions complètes de Buffon, mises en ordre, précédées, sous le titre modeste de *Notice*, d'un éloge éloquent de ce grand écrivain, et terminées par une *Vue générale des progrès de plusieurs branches des sciences naturelles depuis le milieu du dernier siècle;* travailler, avec une activité étonnante, aux *Annales du Muséum d'histoire naturelle;* coopérer à la rédaction de la *Décade philosophique et littéraire, du Journal de physique,* et, dans ces derniers temps, de la *Revue encyclopédique;* écrire les éloges de Daubenton et de Dolomieu; enrichir de ses veilles savantes les Mémoires de l'Institut; être nommé membre de la Société royale de Londres, de la Société des Curieux de la nature de Berlin, des Académies de Stockholm et de Gottingue, de l'Institut de Bologne, de la Société d'Aragon, de neuf Académies de France, et de presque toutes les Sociétés savantes et littéraires de Paris; présider ensemble et plus d'une fois le Sénat et l'Institut; présider les séances particulières et deux séances publiques de la Société philotechnique; y lire des ouvrages, y faire exécuter des symphonies, comme il fit exécuter, dans une des séances de l'Institut, l'ouverture de son opéra d'*Alcine;* publier des romans; faire imprimer des sonates; composer cinquante-quatre sextuors pour les célèbres concerts de son ami M. Davaux; mettre en musique tout le *Télémaque* de Fénélon, non les paroles du texte, mais l'action générale et les épisodes, qu'il voulut exprimer par des sons, comme la pantomime cherche à les rendre par le geste, et composer un nombre de pièces égal à celui des livres du poëme; prononcer des discours éloquens aux funérailles de Daubenton, de Bougainville, de Lagrange; lire, dans la chambre des pairs, l'éloge de M. le comte de Valence; poursuivre deux grands ouvrages qui l'occupèrent constamment dans la dernière moitié de sa vie, et qu'il a toujours destinés à n'être publiés qu'après sa mort; l'un intitulé: *les Ages de la Nature et l'histoire de l'espèce humaine;* l'autre ayant pour titre: *Histoire civile et politique de l'Europe.*

Mais s'il est peu de vies remplies de plus de travaux, il n'en est aucune peut-être qui ait été semée à la fois de tant de vertus et de tant de dignités, de tant d'afflictions connues et de tant de bienfaits ignorés.

Lorsque, dans les premiers temps du Directoire, M. de Lacepède vint, au nom de l'Institut, accompagné de ses collègues Lagrange, Laplace et Borda, présenter au conseil des Cinqcents le premier réglement de cette société savante , l'adresse qu'il lut parut le lendemain imprimée avec l'addition d'un paragraphe que ni lui ni ses collègues n'auraient pu approuver. Par cette altération coupable, un gouvernement mal affermi dans l'opinion publique avait cru se donner plus de consistance. Ennemi de toute imposture, M. de Lacepède voulut réclamer ; mais les temps étaient encore si difficiles ! Ses collègues intervinrent pour qu'il ne s'élevât aucune plainte sur cette falsification , qu'on vit dans la suite trop souvent employée comme moyen de gouvernement sous le Consulat et sous l'Empire.

Depuis cette époque, les discours de M. de Lacepède ont été plus d'une fois dénaturés par des citations tronquées , et qui changeaient le sens en isolant des parties de texte de leurs antécédens ou de leurs conséquens. Il a gémi de ces odieuses manœuvres d'un esprit malfaisant ; mais persuadé , disait-il , *que la vérité finit toujours par se faire connaître* , il n'opposait à la mauvaise foi que ses ouvrages et sa vie.

Le Directoire de la République venait de finir avec le dix-huitième siècle. M. de Lacepède, nommé, par les Consuls provisoires , ministre de l'intérieur, fit agréer son refus d'accepter le portefeuille, qu'il vit avec joie confier à M. de

Laplace. Bientôt le Sénat fut organisé. Daubenton et M. de Lacepède se trouvèrent compris dans les premières nominations, avec les membres les plus célèbres de l'Institut ; et ce choix d'hommes connus par leurs principes modérés, décida bientôt à rentrer dans leur patrie un grand nombre de Français fugitifs, errans sur des terres étrangères.

Le jour même où le Sénat ouvrit sa première séance, Daubenton s'y sentit mortellement atteint. Buffon était mort, Gueneau de Montbeillard n'existait plus ; la cendre de Daubenton allait reposer, auprès du cèdre du Liban, dans ce jardin qui avait reçu, pendant sa vie, comme une création nouvelle ; et les pleurs de M. de Lacepède, resté seul de tous les auteurs de l'*Histoire naturelle*, lui permirent à peine d'achever les derniers adieux, faits au nom de ses collègues, au plus ancien collaborateur de Buffon.

A cette époque, la santé de madame de Lacepède commençait à donner des alarmes. Les médecins conseillèrent les eaux d'Aix-la-Chapelle. Les prairies et les bois romantiques qui avoisinent cette ville célèbre, apportèrent quelque charme à des douleurs qui, après le retour à Paris, prirent bientôt un caractère plus grave. Dès le premier mois de 1801, s'était déclarée

une maladie qui ne devait avoir d'autre terme
que celui des jours d'une femme que M. de Lacepède appelait *l'Ange de sa vie.*

Qui pourrait peindre ce qu'il souffrit, et les
soins qu'il prenait pour cacher ses souffrances,
pour tromper les douleurs de cet *Ange*, qui semblait ignorer sa destinée, trop près de s'ac-
complir, et qui, lorsque l'espérance achevait
de s'éteindre autour d'elle, souriait encore aux
projets de l'avenir ? Une année devait s'écouler,
longue et terrible, dans cette situation déchi-
rante. M. de Lacepède ne quittait plus sa femme
que pour assister à quelques séances de l'Institut
ou du Sénat. Etabli nuit et jour auprès du lit
de sa compagne, c'est là qu'était concentrée
son existence, et sa vie n'était plus qu'une douleur. Quand le mal cédait au sommeil, M. de
Lacepède cherchait dans le travail des distractions à ses peines. C'est dans ces temps, pour
lui si pénibles, qu'il termina son *Histoire des
Poissons*, qu'il écrivit l'éloge de Dolomieu, son
ami : et il se peignit encore lui-même en disant
de ce savant naturaliste que le tableau de sa vie
offrait « des vertus modestes, mais capables
« de s'élever jusqu'à l'héroïsme, des mœurs
« simples, une loyauté antique, une tendre
« bienfaisance, de vastes connaissances, un

« esprit supérieur , de grands travaux , etc. »

Vers les premiers jours de novembre , le mal empira ; et tout entier aux soins qu'il voulait donner , M. de Lacepède ne se déshabilla plus. Deux mois s'écoulèrent. Ces mieux trompeurs qui souvent apparaissent, chez les mourans, dans le dernier travail de la vie, comme pour ajouter une amertume plus vive , un aiguillon de plus à la douleur de ceux qui vont bientôt survivre à ce qu'ils ont aimé ; ces mieux trompeurs vinrent donner une espérance fugitive, et le 31 décembre , madame de Lacepède expira dans les bras de son mari. « Je ne conçois pas, écrivait-il « seize ans après ce triste événement, comment « ma vie ne s'éteignit pas au moment où je « perdis l'ange qui en faisait le bonheur. »

Alors tout sembla s'effacer pour lui dans le monde. Gloire littéraire, honneurs, dignités , tout avait disparu , tout n'était rien ; et sans le fils de sa femme , devenu le sien par amour et par adoption , quel lien aurait pu le rattacher encore à la vie?

Mais sa santé s'altéra ; sa raison parut troublée. La nouvelle de ce qu'il souffrait porta l'effroi dans la ville qui l'avait vu naître. La Société Philotechnique délibéra si elle irait en corps,non lui offrir des consolations impossibles, mais lui porter un tribut de pleurs et de regrets. Une lettre fut jugée plus convenable dans cette circonstance ; et M. de Lavallée, alors secrétaire général, fut chargé de l'écrire. Tout le sentiment de cette lettre était dans ce passage : « Si « jamais l'homme éprouve le besoin d'être aimé, « c'est dans les grandes infortunes. » Mais les mots ne pouvaient exprimer la douleur profonde que tous les membres de la Société mêlèrent alors à la douleur de leur illustre collègue.

Le gouvernement craignit de le perdre. Il voulut le faire voyager, et lui proposa d'aller remplir une mission diplomatique sous le beau ciel de l'Italie. Mais il ne pouvait s'éloigner du tombeau de son amie ; elle reposait dans le cimetière de Leuville, de ce village où elle était née, où il lui avait engagé son cœur et sa main. C'est là seulement qu'il pouvait vivre encore. Bientôt il traça, comme volonté dernière, un écrit qu'il enferma dans une boîte qui avait appartenu à sa femme, et que depuis il a portée sur lui jusqu'au dernier jour de sa vie. M. le baron de Bock, son parent et son ami, leva le plan du cimetière et de la tombe obscure que M. de Lacepède voulait partager. Voici cet écrit, précédé du plan de la tombe, monument mémorable de ce que l'homme le plus sensible peut faire entrer dans une grande douleur :

« Ce papier sera toujours sur moi.

« Dans quelque endroit que je meure, je sup-
« plie tous ceux qui pourront concourir à faire
« exécuter ma dernière volonté, de faire trans-
« porter mon corps dans le cimetière de la com-
« mune de Leuville, département de Seine-et-
« Oise. C'est dans ce cimetière que mon amie,
« mon amante, ma femme, si vertueuse, si
« spirituelle, si aimable, si recommandable par
« son extrême bonté, son humanité éclairée,
« sa bienfaisance active, ses grâces, sa modes-
« tie, ses talens, ses connaissances et ses char-
« mes ; si adorable par la douceur inaltérable,
« la résignation édifiante et la patience héroï-
« que avec lesquelles elle a supporté, pendant
« un an, les souffrances les plus cruelles ; c'est
« dans ce cimetière, dis-je, qu'elle a voulu être
« enterrée auprès de son père, de sa grand'-
« mère, de son premier mari, des respectables
« cultivateurs qui l'avaient vue naître. Là repose
« cette femme si vénérée, si aimée du pauvre,
« si chérie de tous, si adorée par son malheu-
« reux époux ! Là elle a été conduite par son
« parent, son ami et le mien, le jeune de Bock

« le fils, qui, après lui avoir rendu les derniers
« devoirs au milieu de tous les habitans en lar-
« mès, a déterminé et marqué la place de sa
« tombe. La détermination du tombeau qui ren-
« ferme les restes de cette compagne si bonne,
« de cette mère de famille si tendre, de cette
« femme si accomplie, restera dans l'église ou
« dans la maison commune de Leuville, ainsi
« que sur ce papier. Je demande, comme la plus
« grande des grâces, que mon corps soit placé
« absolument et précisément dans la même
« tombe, dans la même bière que celle que la
« mort m'a enlevée si jeune, qui daigna tant
« m'aimer, m'a rendu si heureux, et ne faisait
« qu'un avec moi. Condamné par la perte de
« ma femme au désespoir le plus affreux, je ne
« trouverai le repos que lorsque le même tom-
« beau nous contiendra. J'attends l'accomplis-
« sement de mes désirs de l'obéissance de mon
« fils, de l'affection de mes amis, de l'attache-
« ment de mes parens, du respect de tous les
« gens de bien pour la sainteté du mariage, la
« fidélité de l'amour, la volonté du mourant;
« de la bonté de tous mes collègues, de la sen-
« sibilité de ceux qui cultivent les sciences et
« les arts, de la condescendance du gouverne-
« ment, de la bienveillance du public. Bénis

« soient à jamais ceux qui concourront à me
« faire accorder l'asile que je réclame ! Que la
« Divinité les rende aussi fortunés que je l'ai été
« avec ma compagne, et que ma douleur est
« horrible. »

« A Paris, le 9 pluviose an 11.

« *Signé*, B. G. E. L. Lacepède. »

« Du Sénat et de l'Institut de France. »

Depuis six mois M. de Lacepède était comme
étranger aux choses de la terre, lorsqu'il fut
nommé grand-chancelier de la Légion-d'Honneur. Mais quel prix pouvait attacher aux dignités celui dont l'existence était brisée, et qui
semblait n'appartenir à la vie que par la douleur ? Il refusa d'abord, et ne se rendit que quand
on vint lui présenter la seule considération qui
pût le toucher encore, *le bien immense que cette
institution pouvait faire dans les circonstances où
se trouvait la France.*

Je passerai rapidement sur cette époque de sa
vie, mieux connue, qui rendit bientôt son nom
cher à la nation, à l'armée. Il appela pour le
seconder, il réunit auprès de lui trois de ses an-
ciens amis, trois membres de la Société Philotechnique, qu'il mit à la tête de la Chancellerie,
l'un en qualité de secrétaire-général, M. Joseph

de Lavallée, les autres avec le titre de chefs de division, MM. Paganel et Davaux (1).

M. de Lacepède considéra la nouvelle institution sous un point de vue très-élevé, comme embrassant, disait-il, *dans son influence toutes les classes de la société;* comme devant *les attacher les unes aux autres par tous les sentimens généreux ;* comme pouvant *servir à lier, de plus près, la France avec les autres contrées de l'Europe;* comme *destinée à ne laisser aucun grand service, aucune belle action, aucune vertu, aucun talent, sans récompense;* comme n'ayant enfin *de modèle dans aucun temps, ni dans aucun pays.* » Je « désirai, ajoute-t-il, que cette belle institution « servît à donner des bases inébranlables à la « morale publique, rétablît le culte du véritable « honneur, et fît revivre, sous de nouveaux « emblêmes, l'ancienne chevalerie française, « épurée de ce que lui avaient donné de trop « les siècles d'ignorance, et embellie de ce « qu'elle pouvait tenir des siècles de lumière. » Et on peut, on doit croire à ce beau témoignage que se rend M. de Lacepède : « Pen- « dant les onze ou douze ans où j'ai rempli les « fonctions de Grand-Chancelier, je n'ai pas eu.

(1) Il appella dans ses bureaux un autre membre de la Société , M. Barouiller.

« une vue, je n'ai pas adopté un plan, com-
« posé un discours, donné une décision, pré-
« paré un travail, et en quelque sorte écrit une
« lettre, que chacune de mes actions, de mes
« paroles et de mes pensées n'ait tendu vers
« l'objet si important dont je ne voulais jamais
« détourner mes regards. »

Il ne les détourna jamais de tout ce qui était
grand, de tout ce qui était bien. Il avait pensé
que les fonctions de Grand-Chancelier ne devaient pas avoir de traitement, et il avait refusé
un traitement. Mais, dans les longues guerres
d'un conquérant, l'immortelle gloire de nos ar-
mées laissait tant de malheurs à consoler ! La
décoration de la Légion-d'Honneur était la première ambition des braves : c'est dire combien
dut rapidement s'étendre le nombre des légion-
naires. Des fonds avaient été faits pour les veuves
des soldats et pour leurs enfans en bas âge. Mais
ces fonds devinrent bientôt insuffisans ; et les
veuves, les enfans et les soldats mutilés affluaient
à la chancellerie. M. de Lacepède voulait tous les
recevoir, tous les entendre, et tous sortaient
heureux, bénissant le gouvernement qui venait
à leur secours...., quand c'étaient, il faut le dire,
les deniers du patrimoine de M. de Lacepède
qu'ils venaient de recevoir !

Si son cabinet, asile et secret dépositaire de tant de bien, qui sera toujours ignoré, ne s'ouvrait pas quelquefois aux solliciteurs qui avaient un nom, c'est qu'alors le Grand-Chancelier exerçait des actes cachés de bienfaisance. Un jour, un de ses amis (1) se présente : on lui dit qu'il ne peut entrer ; il insiste, il s'introduit lui-même, et trouve M. de Lacepède, au milieu de six ou sept invalides, qui, n'ayant rien à réclamer pour eux-mêmes, n'exposaient pas, en vain, la position nécessiteuse de leurs femmes et de leurs enfans.

Bientôt la fortune de M. de Lacepède commença, dans ce rare exercice du pouvoir, à s'altérer ; il crut devoir au fils qu'il avait adopté, d'envoyer sa démission : elle fut refusée ; il la renouvela souvent, mais en vain..., et il vendit encore une partie des champs de ses pères. Enfin, ayant contracté des dettes considérables, il n'écrivit plus pour recevoir un successeur, il alla le demander lui-même : il fallut exposer ce qu'il avait fait, et les motifs de sa demande.... Le chef de l'Empire, étonné d'un dévouement si nouveau, sentant quel éclat de bienfaisance pouvait répandre sur son règne, et surtout sur son armée, un grand fonctionnaire si désintéressé, voulut

____

(1) M. Bouilly.

qu'il restât dans sa place. Il lui assigna un traitement de 40,000 francs , celui des maréchaux
de France non employés , et fit remonter ce
traitement à l'époque de la nomination du Grand-
Chancelier.

M. de Lacepède paya ses dettes. Mais les dé-
penses secrètes de son département croissant
sans cesse ; n'ayant voulu d'ailleurs rien demander pour les réparations et pour le mobilier
de l'appartement qu'après une longue résistance,
il fut forcé d'aller occuper dans le palais de la
Légion-d'Honneur, il contracta des dettes nouvelles , et ne tarda pas à solliciter encore sa démission : elle fut pendant onze ans onze fois
demandée ! Et les amis et les collègues de M. de
Lacepède lui disaient « que l'homme le plus
« ambitieux n'avait jamais fait pour arriver à
« une place autant de démarches qu'il en faisait
« pour quitter la sienne. »

De tous les fonctionnaires ayant un département , il était celui qui usait le plus rarement
du droit de travailler avec Napoléon. Le plus
souvent, il lui envoyait son travail avec une
lettre. Mais on le vit, le 12 janvier 1814 , pa-
raître devant le chef du Gouvernement, à la tête
du Sénat, et oser lui demander la paix lorsque
la guerre semblait seule pouvoir rétablir son

empire ébranlé : « Nous combattons , dit-il ,
« entre les tombeaux de nos pères et les ber-
« ceaux de nos enfans. Obtenez la paix, Sire ,
« par un effort digne de vous et des Français ; et
« que votre main , tant de fois victorieuse, laisse
« échapper les armes après avoir signé le repos
« du Monde. »

Quatre ans avant cette époque , ne pouvant
oublier sa femme au sein des dignités ; toujours livré , dans ses nuits solitaires , à la douleur et aux regrets ; craignant que la solennité
des tombes du Panthéon ne lui ravît , après sa
mort, la place désirée sous le gazon d'un cimetière de village, M. de Lacepède ajouta, comme
supplément à sa dernière volonté , sur le papier qui ne le quittait jamais , ce qui suit :

« 1er juillet 1810.

« Si, malgré mon ardent désir, contre mon
« espérance , mes enfans et mes autres amis
« ne pouvaient pas obtenir du gouvernement
« la grâce qu'ils le supplieront de m'accorder,
« je les conjure de faire transporter mon cœur,
« ma cervelle et mes entrailles dans le cime-
« tière de Leuville , et de les renfermer dans la
« même bière que les restes sacrés de l'épouse
« si admirable et si bonne , loin de laquelle je
« suis depuis si long-temps exilé , et qu'il me

« tarde si vivement de rejoindre pour n'en plus
« être séparé.

« *Signé* B. G. E. L. Cte. DE LACEPÈDE. »

Un grand malheur qui vint l'accabler, plus
tard, pouvait seul changer sa résolution.

Dès qu'il eut atteint l'âge de cinquante ans,
exigé par la loi, M. de Lacepède s'était em-
pressé de remplir les formalités nécessaires
pour faire établir, par arrêt, les droits civils et
politiques de son fils adoptif, et par lettres-
patentes, sa succession aux titres nobiliaires.

Il avait marié ce fils, si tendrement aimé,
si digne de l'être, à Mlle Alphonsine -Vic-
toire de Jouy ; et, par les plus tendres soins de
l'amour filial, les deux jeunes époux l'avaient
rattaché à la vie. Élèves de MM. Regnault et
Valenciennes, l'un et l'autre peignaient fort
bien le paysage ; et soit à Paris, soit dans sa
campagne d'Épinay, M. de Lacepède ne devait plus qu'à ses enfans la somme de bonheur
qui pouvait rester encore pour lui sur la terre.

Il avait été loin de se plaindre, il s'était à
peine aperçu que, dans la distribution des do-
tations de l'Empire, il avait obtenu les moins
considérables, quoique l'héritage de ses pères
eût été beaucoup diminué au service de l'Etat.

Il avait pleuré son célèbre ami Lagrange,

qui lui remit, en mourant, ses démonstrations mathématiques, relatives à la formation des corps célestes, en le priant de placer l'histoire des résultats de sa théorie à la tête des *Ages de la Nature*.

Il avait été nommé Pair de France à la restauration de 1814; mais on lui avait retiré la Chancellerie de la Légion-d'Honneur; et s'il eut un regret à former, ce fut celui que sa démission, si souvent offerte, n'eût pas été plus tôt acceptée.

La révolution du 20 mars l'avait trouvé dans les îles d'Hyères, où il avait accompagné sa belle-fille, dont la santé faible avait paru s'altérer. Il avait beaucoup travaillé, sous ce climat fortuné, à son grand ouvrage; il avait composé de nouveaux *sextuors*, lorsqu'il reçut la nouvelle que la Chambre des Pairs était extraordinairement convoquée par le Roi. Il partit d'Hyères le 17 mars ; mais les événemens qui se passaient le retinrent dans les provinces méridionales. Il fit sa cour, dans la ville de Nîmes, à S. A. R. le Duc d'Angoulême. Bientôt informé de sa réintégration dans la place de Grand-Chancelier, et de sa nomination à celle de Grand-Maître de l'Université, il continua de rester dans le midi tant que les couleurs blanches s'y montrèrent arborées, et il n'arriva dans la capitale qu'un mois après le départ du Roi. Il n'avait pris, dans son passe-port, ni le titre de Grand-Maître, ni celui de Grand-Chancelier. Il refusa la première place, mais il se décida, par des motifs que, plus tard, le Roi sut apprécier, à reprendre la Chancellerie.

Alors il se rendait ce témoignage dont ses contemporains connaissent la sincérité, et que l'histoire consacrera : « Voilà vingt-six ans « écoulés depuis le commencement de la révo- « lution : pendant ces temps si orageux, Dieu « m'a fait la grâce de ne jamais manquer à la « loyauté, à l'honneur, à l'obéissance due aux « lois et au gouvernement établi ; et je n'ai rien « négligé pour bien connaître la route que le « devoir me prescrivait, et pour ne m'en écarter « dans aucune circonstance, quels que fussent « les intérêts ou les sentimens qui tendissent à « m'en détourner. »

Libre des soins d'une grande administration, qui lui dut tant d'éclat, M. de Lacepède avait repris, avec ardeur, ses utiles travaux à l'Institut, ses cours célèbres au Muséum d'histoire naturelle, sa coopération à divers ouvrages périodiques, ses *Ages de la nature*, son *Histoire de la civilisation*. Il avait publié deux romans, *Ellival et Caroline*, *Charles d'Ellival et Alphonsine*. On remarquera qu'*Ellival* est l'anagramme du nom de *Laville*, qui était celui de l'auteur ; que *Caroline* était le prénom de sa femme, *Alphonsine* celui de sa belle-fille, et que *Charles* est celui de son fils. Mais il ne faut point chercher, dans ces deux ouvrages, les événemens qui ont pu composer quelques époques de la vie de M. de Lacepède, de sa femme et de ses enfans. Les faits sont imaginés ; il y a seulement des portraits véritables, des souvenirs de lieux, des sentimens qui ont été éprouvés et partagés. Et peut-être les deux romans, remarquables par le style plus que par la fable, et où le talent descriptif se révèle souvent, seraient-ils plus attachans, s'ils n'avaient été écrits dans le désordre de la douleur, sous un empire d'idées sombres et d'affections mélancoliques ; si enfin M. de Lacepède n'avait été trop près et trop souffrant de ses malheurs.

Il était rentré, en 1819, à la Chambre des Pairs.

Il déplorait toujours la perte de sa femme ; le temps n'avait point usé sa douleur ; mais cette douleur était plus calme : ses deux enfans l'entouraient de tant d'amour ! Il pouvait aimer, il aimait beaucoup encore, lorsqu'il y a trois ans sa belle-fille lui fut soudain ravie. Dès-lors tout ce qui lui restait de forces fut abattu ; sa peine devint effrayante, et plus d'un an après ce coup terrible, il répondait à un ami qui ne lui offrait d'autre motif de consolation que son fils, il répondait avec un sourire mélancolique : « Oui, je sais « que je dois vivre pour lui : mais je crains, si « je tarde trop à la rejoindre, qu'elle ne me re- « connaisse plus ! »

Elle reposait dans le cimetière d'Epinay. Là, deux fois, chaque semaine, le mardi et le samedi, sans y manquer jamais, M. de Lacepède venait gémir et pleurer. Il avait ajouté sur ce papier qui l'accompagnait toujours, ces nouvelles dispositions qui le terminent.

« Je viens d'éprouver un malheur affreux. Une « apoplexie foudroyante a enlevé à mon cher fils « et à moi l'ange qui faisait notre bonheur. Les « restes de mon enfant, de l'épouse et de la fille la « plus chère et la plus accomplie, sont déposés « dans le cimetière d'Epinay-sur-Seine (départe- « ment de la Seine) ; je désire ardemment, et je « prescris, autant qu'il est en moi, que, lorsque « j'aurai terminé ma malheureuse vie, en quel- « que endroit du monde que je trouve la fin d. « mes jours, mes restes soient réunis à ceux de « mon enfant. Je désire aussi vivement, et je « prescris de même, autant qu'il est en moi, « que la bière dans laquelle ont été renfermées « les cendres de ma compagne, de mon épouse, « si bonne, si bienfaisante, si admirable, de

« mon amante adorée, que cette bière sacrée
« soit portée, après ma mort, dans le cimetière
« d'Epinay à côté de celle de mon enfant si
« chérie, si regrettée et si digne de l'être ; mes
« cendres seront déposées dans cette bière, et
« mêlées avec celles de ma femme. Lorsque
« mon fils cessera de vivre, ce qui n'arrivera,
« si mes vœux sont exaucés, que lorsqu'il aura
« joui d'une longue vieillesse, ses restes seront
« placés à côté de ceux de sa femme, de celle
« qui l'a tant aimé et qu'il aimait tant, et au-
« près des cendres de sa mère et de son père.
« Les braves habitans de Leuville, qui ont tant
« chéri ma femme, et qui ont toujours eu tant
« d'affection pour moi, nous donneront encore
« une grande marque d'attachement, en lais-
« sant réunir, dans la même tombe, le père,
« la mère, le fils et la fille.

« Dieu les bénira pour cet acte de bonté et de
« tendresse, dont me répondent mon estime
« et ma vive affection pour eux. Qu'il soit un
« lien à jamais durable entre ces bons habitans
« de Leuville et les bons habitans d'Epinay,
« qui regrettent si fortement une fille adorée,
« l'amie si constante des pauvres et des mal-
« heureux.

« Signé B. G. E. L. Cte de Lacepède.
« Le 21 octobre 1822. »

Le voilà connu tout entier cet écrit, qui, pendant vingt-trois ans, a reposé nuit et jour sur le noble sein de M. de Lacepède. Il devait être recueilli, il fallait qu'il fût entendu, il sera conservé, comme un témoignage immortel de ce que peuvent être la douleur et les vertus privées de l'homme de bien, au milieu des honneurs et des célébrités de la terre.

L'homme de bien dont l'âme pure et si belle se montre dans l'illustre écrivain, termine en ces termes la vingt-unième époque de son *Histoire* inédite *de l'Europe* : « Ceux qui « me liront et qui ne seront pas insensibles, « plaindront le beau-père ou plutôt le père « infortuné de mon Alphonsine ; et en atten« dant que j'aille rejoindre mon père, ma « femme et mon enfant, mon âme sera un « peu soulagée, lorsque je penserai à la pitié « que mes malheurs inspireront. »

Oh ! que la vie était devenue pénible pour celui qui avait vu comme renfermer son cœur dans deux tombeaux ! Pour lui, toutes les joies de l'existence avaient disparu : il ne restait plus que des devoirs, et il sut tous les remplir avec un courage tranquille et mélancolique. On le vit assister aux séances de la Chambre des Pairs, à celles de l'Académie des Sciences ;

il voulut même honorer de sa présence les dernières séances publiques de notre Société.

Vers la fin de septembre il se rendit, à pied, à l'Institut. Il causa long-temps avec un de ses confrères (1), et, suivant son usage avec ses amis, il tenait, il pressait sa main dans les siennes. Cet ami venait de soigner des personnes atteintes de la variole qui commençait à régner dans Paris. M. de Lacepède, qui avait vu, avec l'enthousiasme d'un ami de l'humanité, la grande découverte de Jenner, avait négligé d'en partager le bienfait, persuadé qu'il n'était pas susceptible d'être atteint, depuis que, dans son enfance, son père l'avait fait coucher avec des enfans fortement travaillés de cette maladie.

Le lendemain, de retour à Epinay, il alla, sous l'ardeur du soleil, pleurer sur la tombe de son Alphonsine. Rentré dans sa maison, il se sentit frappé ; la variole se déclara , et son invasion fut terrible. Cette année, la variole n'avait point paru à Epinay ; et il faut le dire , quoique tous les habitans désolés se soient empressés d'approcher de leur bienfaiteur, pendant sa maladie, et après sa mort, aucun d'eux n'a senti l'effet contagieux du mal , et la vaccine, à laquelle ils s'étaient soumis, a pu seule les préserver.

(1) M. Duméril.

Bientôt M. de Lacepède connut son état qu'il jugea sans espoir, et il ne s'attacha plus qu'à le cacher à son fils : « Mon cher Charles, disait-« il un jour, en lui montrant ses mains, moi « qui ai tant aimé la Nature, qui ai peut-être « contribué à la faire aimer, vous voyez comme « elle me traite ! » Et un doux sourire se montrait encore sur ses lèvres décolorées.

Il causait avec ses amis de ce qui les intéressait : il parlait des nouvelles du jour, des Mémoires d'une dame célèbre (1) qu'il lisait alors ; il voulait effacer l'inquiétude empreinte sur tous les visages, et il ne cessait de donner une espérance qu'il n'avait plus.

Suivant l'habitude de toute sa vie, il se leva chaque jour à six heures ; il se coucha chaque jour, même celui qui ne devait pas avoir de lendemain, il se coucha à l'heure accoutumée. Tous les jours, suivant la même habitude, en se levant il s'habilla comme il se montrait dans le monde ou dans son salon.

Cependant à la nouvelle de sa maladie, une impression de tristesse s'était répandue dans la capitale pour s'étendre bientôt beaucoup plus loin.

M. de Lacepède jugeait l'art impuissant pour le sauver, il en refusait les secours ; et tandis qu'il cherchait à rassurer ceux qui l'entouraient de

(1) Madame de Genlis.

soins tendres et inquiets , il disait en secret à son médecin : *Ce ne sera pas long ; mon ami, laissez-moi mourir tranquille.*

Il travaillait à mettre en ordre les deux grands ouvrages qui avaient occupé la dernière moitié de son existence. Il venait d'en revoir trente pages la veille de sa mort : « Charles, dit-il, « écris en gros caractères le mot FIN, au bas « de ces manuscrits. » Ainsi, dans ses longues veilles pour éclairer les hommes, le terme de ses travaux vint toucher au terme de sa vie.

Le 5 octobre, il se coucha le soir pour ne plus voir se lever le soleil. A quatre heures du matin, il était perdu pour sa famille, pour ses amis, pour la France, pour le monde savant.

Les vieillards, les hommes et les enfans, les mères et les jeunes filles d'Epinay pleuraient amèrement. Depuis bien des années, aucun procès n'avait troublé la paix de leurs demeures. M. de Lacepède était, dans leurs différens, l'arbitre toujours choisi, toujours heureux : « Ah ! « ce n'est pas tant, s'écriaient-ils, ce n'est pas « tant l'argent que nous perdons : *qui nous* « *arrangera?* » mot simple et touchant, qui vaut plus qu'un éloge académique.

L'enceinte de l'église d'Epinay, disposée pour les obsèques, ne pouvait guère contenir que les parens, les amis, les députations de la Chambre des Pairs, de l'Institut, du Jardin du

Roi, des Académies et des Sociétés savantes de la capitale ; les villageois en pleurs se pressaient pour entrer. On leur disait que les places étaient réservées pour la famille ; et ils criaient, en sanglottant : *Nous sommes tous de la famille !* Les larmes du pauvre devant le cercueil d'un des grands de la terre, sont la plus belle et la plus rare pompe de la mort.

Le pasteur d'Epinay, vieillard octogénaire, qui rendit les philosophes du dix-huitième siècle témoins de ses vertus évangéliques, qui avait vu passer tant de gloires, qui fut un des secrets ministres des bienfaits de M. de Lacepède, sentit sa voix s'éteindre dans le chant des funérailles, et ses larmes furent ses plus nobles prières.

Devant la tombe ouverte, qui allait se fermer pour toujours, M. le comte Chaptal, au nom de la Chambre des Pairs ; MM. Duméril, Geoffroy de Saint-Hilaire, et Virey, organes de l'Académie des Sciences, du Muséum d'Histoire naturelle, et de l'Académie Royale de Médecine, louèrent un grand talent qui vit dans d'immortels ouvrages, et de plus hautes vertus dont la mémoire ne périra jamais. *Il obligeait pour se faire du bien*, disait M. Duméril ; *la Nature l'avait formé pour être son historien*, disait M. Chaptal ; et tout l'éloge du mort se trouvait compris en ce trait rapide et profond : *dans les sciences, comme dans l'administration, M. de Lacepède s'est toujours trouvé à sa place.*

Il a été peint aussi dans un mot de M. le marquis de Sémonville, Grand-Référendaire de la Chambre des Pairs : *c'est un homme*, disait-il à M. le duc de la Vauguyon, *qui ne sait pas trouver un tort à un autre.*

On a dû remarquer qu'écrivant pour lui seul, M. de Lacepède disait : *Ma femme qui daignait tant m'aimer !* qui *daignait !* expression qui seule révèle un caractère. Ainsi, ces formes d'une urbanité exquise, que le Grand-Chancelier de la Légion-d'Honneur employait toujours dans ses audiences et dans les lettres qu'il écrivait, toute cette politesse qui paraissait vague et systématique à des esprits légers, était la propre langue de M. de Lacepède : il n'aurait pu en parler une autre ; et cette langue, si rarement à l'usage des dépositaires du pouvoir, devait étonner dans la bouche d'un homme en place, qui était toujours resté l'homme de la nature.

Je n'ajoute qu'un trait :

Le professeur du Jardin des Plantes, le membre de l'Institut, le président du Sénat, le Grand-Chancelier de la Légion-d'Honneur s'était constamment imposé des privations qui lui firent ignorer ou mépriser ce qui, dans l'homme, tient de plus près aux aisances de la vie. *Tout aux autres, rien à lui-même,* semblait être sa devise. Je pourrais citer des faits qui, trop étranges dans nos mœurs, paraitraient peu croyables. Les secrets d'une bienfaisance extrême expliqueraient seuls cette abnégation, cet oubli si grand de lui-même. Mais ces secrets qui restèrent dans son cœur, semblent encore se cacher dans sa tombe, et, pour eux, le linceul de la mort s'ajoute aux voiles de la vie.

Et vous, famille respectable, qui avez voulu donner, par votre présence, aux paroles que je viens de faire entendre, un intérêt plus puissant que l'éloge; qui, dans les liens sacrés du sang et de l'amitié, avez offert une association si touchante d'âmes élevées et de cœurs généreux; pardonnez si j'ai rouvert, en public, la source solitaire de vos larmes; et que ce soit pour vous une consolation d'avoir vu, dans l'hommage, qui sera le plus faible sans doute, mais qui est du moins le premier rendu, par une Société littéraire, à la mémoire de l'homme célèbre, de l'homme de bien que vous pleurez, d'avoir vu le public ne rester étranger ni à vos regrets, ni à votre douleur; et tant de citoyens décorés du ruban de la Légion, sembler dire ici, comme les habitans d'Epinay : *Nous sommes tous de la famille!*

FIN.

NOTES SUPPLÉMENTAIRES.

Nᵒ. I.

Eₓₜᵣₐᵢₜ *du rapport sur les travaux de la Société Philo-*
technique, lu, par le secrétaire-général, à la séance
publique du 20 novembre 1825.

« Aᴘʀèꜱ avoir exposé, le plus brièvement qu'il m'a été possible,
les travaux des trois classes de la Société, pourquoi ai-je à vous
faire connaître les pertes douloureuses qu'elle a faites ?

« Il en est une que la France a ressentie, que tous les amis des
sciences ont déplorée. Notre illustre collègue, M. le comte de Lacepède, a été enlevé à son pays, et au Monde savant qui était aussi
sa patrie.

« Il appartenait à notre Société depuis les premiers temps de sa
fondation. Trois fois il y a rempli les fonctions de secrétaire, deux
fois celles de vice-président, deux fois celles de président. Il lut, à
notre quatrième séance publique qu'il présidait en 1798, un *Mé-*
moire sur les parties du Globe encore inconnues; et, dans la sixième
séance qu'il présidait encore, Ducis, qui fut aussi notre collègue,
récita son *Hymne des époux*, et le poëte Le Brun présenta la nièce
de Corneille.

« M. de Lacepède fit exécuter, dans plusieurs de nos séances publiques, des Symphonies de sa composition. Il prenait, dans tous ses
ouvrages, le titre de *Membre de la Société Philotechnique.* Il a aimé,
jusqu'à la fin de sa vie, à partager nos travaux, sans se douter qu'il
les encourageât, et que sa présence dût les honorer. L'an dernier,
dans cette enceinte, il était encore assis au milieu de nous : il n'y
reste aujourd'hui que sa mémoire; mais sa mémoire y vivra toujours :
elle mérite un tribut séparé de nos éloges, de nos regrets; et ce tribut,
ma faible voix doit essayer aujourd'hui de l'acquitter publiquement,
au nom de mes collègues. »

Nᵒ. II.

Eₓₜᵣₐᵢₜ *de ce que dit M. Dᴇ Lᴀᴄᴇᴘèᴅᴇ, dans sa Notice*
sur sa vie, de son administration de la Légion-d'Hon-
neur.

« L'établissement de la Légion éprouva de grands obstacles de
plus d'un genre. L'influence immense de celui de qui dépendaient

alors tant de destinées, l'esprit français et la persévérance, firent bientôt regarder la décoration de la Légion comme une palme aussi noble que brillante. Elle fut l'objet de tous les vœux; on n'en parla plus qu'avec enthousiasme : les militaires voulaient l'obtenir ou mourir.

« Des ressources particulières furent créées avec les fonds de la Légion, en faveur des soldats que leurs blessures forçaient à quitter leurs drapeaux, qui se retiraient décorés et sans fortune, et dont le bien-être, montrait dans leurs asiles, le prix attaché aux belles actions. Un des soins les plus assidus de l'administration de la Légion, était de connaître sans cesse leur situation, de tâcher de l'améliorer, de veiller sur le bonheur de leurs familles, de les encourager à continuer d'être dignes, par leur conduite privée, de ce que leur valeur, au milieu des batailles, avait si bien mérité.

« Les revenus des domaines de la Légion, administrés d'après des règles particulières, et sous la surveillance si éclairée et si exacte de MM. les chanceliers des cohortes, et de MM. les visiteurs principaux, s'étaient accrus à un très-haut degré. Plusieurs membres de l'Institut et de la Société d'Agriculture, allaient, par le secours de leurs lumières, rendre la culture de ces domaines un modèle de tout ce que nos connaissances actuelles peuvent faire pour le progrès de l'art le plus utile. Des motifs, que l'on crut fondés sur l'avantage général, et que je combattis cependant avec autant de force que de constance, parce qu'il me sembla qu'on se laissait entraîner par des apparences trompeuses, déterminèrent le Gouvernement à céder à la Caisse d'Amortissement, ces domaines améliorés, et à les remplacer par des rentes sur l'État.

« Une entreprise immense dut, à cette époque, dédommager la Légion des avantages que lui avait fait perdre la vente de ses domaines, et lui donner une nouvelle dotation qui aurait multiplié dans tous les genres, le bien qu'elle avait commencé de faire naître. Cette belle opération devait être surtout d'une très-grande utilité pour la France. Tous les terrains non cultivés, susceptibles de l'être, appartenant au Gouvernement, dans toute l'étendue de la France d'alors, furent cédés à la Légion qui devait employer, tous les ans, une somme très-forte à les faire défricher, dessécher, assainir, planter et rendre aussi productifs qu'ils pouvaient le devenir, suivant leur nature, leur position, leur climat, leur éloignement des grandes routes, des canaux, des côtes et des villes populeuses. La valeur de plus d'un département devait être ainsi acquise, pour notre patrie, par des travaux pacifiques. Plusieurs décrets avaient déjà été rendus ou préparés à ce sujet. Les plans généraux étaient concertés : les illustres membres du Comité de Consultation de la Légion, et les amis les plus éclairés de l'agriculture, devaient concourir, par leurs efforts les plus assidus, au succès de ce grand projet. Des communes et des compagnies particulières avaient été invitées à hâter et accroître les avantages de la Légion et de l'État, en les partageant. Quelques-unes de ces compagnies s'étaient déjà présentées : le Comité de Consultation avait commencé d'examiner leurs propositions :... de grands événemens politiques forcèrent d'ajourner ces importantes mesures.

« Différentes maisons d'éducation furent successivement élevées pour les filles ou les parentes des chevaliers de la Légion-d'Honneur, à Écouen, à Saint-Denis, à Paris, à Saint-Germain, auprès de Fontainebleau. Quatorze cents places furent fondées ou projetées. Écouen a réuni plus de trois cents élèves, et Saint-Denis plus de cinq cents. De grands monumens d'architecture ont été, pour l'établissement de ces diverses écoles, restaurés, augmentés ou embellis. Les Français et les étrangers ont particulièrement admiré le parc, la vue magnifique et la cour intérieure d'Écouen ; les superbes façades, les longues galeries, les bains, la chapelle, l'infirmerie, le réfectoire de Saint-Denis, et son immense dortoir, beaucoup plus long que la métropole de Notre-Dame, et aussi remarquable par sa salubrité et la facilité avec laquelle on l'échauffe pendant l'hiver, que par sa beauté et les points de vue dont on y jouit.

« Les réglemens de ces différentes maisons ont été rendus publics ; ils ont pu faire aisément juger de l'utilité de ces établissemens, de leur direction vers le grand but moral de la Légion-d'Honneur ; et combien la Légion a été heureuse d'avoir pu réunir, dans ces enceintes, tant de dames si dignes de leurs touchantes fonctions, et d'avoir eu, à la tête de ces maisons, deux Sur-intendantes et une Supérieure-Générale d'un mérite si rare, madame la baronne Campan, madame la comtesse du Bonzet, et madame De Lézeau !

« Depuis que j'ai cessé de remplir la place de Grand-Chancelier, j'ai reçu de toutes ces dames, des élèves que je nommais mes filles, et pour lesquelles j'avais la tendresse d'un père, et de tous les membres de la Légion, avec lesquels j'ai eu quelques rapports, des témoignages de bienveillance et d'attachement, qui m'ont donné des jouissances bien douces et bien profondes, et qui m'ont persuadé qu'on avait toujours daigné rendre justice à ma bonne volonté. »

N° III.

Traits détachés.

Il est des hommes qui comprennent leur siècle, et n'en sont pas compris : recueillis en eux-mêmes, ils vivent peu dans le monde, et sont comme solitaires dans la société. Ils concentrent dans leur intérieur, les courtes jouissances d'un bonheur fugitif, et les longues afflictions des cœurs sensibles. Tel avait été J.-J. Rousseau, tel fut en s. M. de Lacépède.

— Les dignités vinrent le chercher ou plutôt le surprendre : nous les avons fait connaître ; il faut ajouter qu'il fut nommé Grand-Aigle de la Légion-d'Honneur, et titulaire de la Sénatorerie de Paris. On a vu qu'il avait refusé l'emploi de gouverneur du Dauphin, le Ministère de l'Intérieur et la charge de Grand-Maître de l'Université.

— C'est par erreur que M. Julia-Fontenelle, professeur de chimie médicale, dit, dans sa *Notice sur M. de Lacepède :* « Il cultiva la « poésie, et c'est probablement à ce goût qu'il dut ce style *pur*, « *élégant* et *facile* qu'on distingue dans tous ses ouvrages. » Sans examiner si ce sont ces trois qualités du style que donne plus particulièrement la culture de la poésie, il suffit de remarquer que M. de Lacepède n'a jamais fait de vers, et que les paroles de quelques-uns des opéras qu'il mit en musique, furent composées par un de ses amis, M. Paganel.

— C'est encore par erreur que M. de Lacepède est dit avoir composé, dans sa première jeunesse, les deux romans intitulés : *Ellival et Caroline; Charles d'Ellival et Alphonsine de Florentino.* M. Julia-Fontenelle en fait la publication antérieure à celle de la *Poétique de la Musique*, qui parut en 1785. M. de Lacepède ne composa ces romans que vers la fin de sa vie; et ils ont été publiés, pour la première fois, en 1816 et 1817 (5 vol. in-12). D'ailleurs ces inexactitudes, que la vérité historique oblige de relever, sont de légères taches dans une *Notice* que je viens de lire avec intérêt.

— M. de Lacepède rédigea les *instructions* qui furent remises au capitaine Baudin, quand il partit pour son voyage si célèbre dans l'histoire des sciences naturelles, et qui a été si utile à leurs progrès.

— Lorsque Sonnini donna son édition de Buffon, commencée en 1797, et qui forme, avec les complémens, 127 vol. in-8°, il refit lui-même l'*Histoire naturelle des Poissons*, en 14 vol. ; mais depuis cette époque, on n'a point réimprimé Sonnini, et dix à douze éditions ont été données des *Poissons* de M. de Lacepède.

— Le goramy avait été naturalisé à l'Ile-de-France par le savant et philantrope M. Céré, Intendant du jardin botanique de cette colonie. M. de Lacepède pensa que cet excellent poisson pourrait facilement se reproduire et se multiplier dans les étangs et dans les rivières de nos colonies d'occident. M. Moreau de Jonnès s'occupa de l'exécution de ce projet, et maintenant le goramy abonde à la Guyane et dans les Antilles.

— M. de Lacepède ne s'habillait jamais qu'une fois; tous les jours, à six heures du matin, sa toilette était achevée; Buffon attachait plus d'importance à la sienne, et la renouvelait ordinairement plusieurs fois dans la même journée.

— J'avais pensé à donner la liste complète des ouvrages et des

travaux imprimés de M. de Lacepède; mais cette longue nomen-
clature contenant plus de *cent* articles, tiendrait ici trop d'espace, et
ne serait convenablement placée qu'à la tête de ses *OEuvres posthu-
mes;* elles se composent des *Ages de la Nature,* et d'une *Histoire de
l'Europe.* Il suffit, pour en faire désirer la publication, de remarquer
que ces grands travaux furent l'objet des méditations de M. de Lacepède, pendant plus de trente années, et qu'il ne les destinait à être
imprimées qu'après sa mort.

Il laisse aussi inédite une Messe de *Requiem.*

— M. le comte Chaptal a proposé de ne mettre, pour épitaphe,
sur la tombe de son illustre collègue, que ces mots : Ci-gît Lacepède.

FIN DES NOTES.